Bibliografische Information der Deutschen Nationalbibliothek:

Die Deutsche Bibliothek verzeichnet diese Publikation in der Deutschen National-bibliografie; detaillierte bibliografische Daten sind im Internet über http://dnb.d-nb.de/ abrufbar.

Impressum:

Copyright © 2008 GRIN Verlag, Open Publishing GmbH
Druck und Bindung: Books on Demand GmbH, Norderstedt Germany
ISBN: 9783668320413

Dieses Buch bei GRIN:

http://www.grin.com/de/e-book/128243/literarische-kompetenzen-in-der-grund-schule

Claudia Waindok

Literarische Kompetenzen in der Grundschule

Erstellung eines Aufgabensets für die 2. Klasse

GRIN Verlag

Inhaltsverzeichnis

1.   Einführung

Lernstandserhebungen, wie PISA und IGLU haben gezeigt, dass Deutschland auf der Rangliste eher zu den Ländern mit einer schwächeren Schülerschaft gehört. Es wurde ersichtlich, dass Deutschlands Schüler die von der KMK in den Bildungsstandards festgelegten Kompetenzen nicht, bzw. unzureichend erreichen.

Demzufolge stellt sich die Frage, wie es möglich ist, den geforderten Kompetenzen, wobei ich mich in dieser Hausarbeit lediglich auf die literarischen Kompetenzen beziehen werde, gerecht zu werden.

Da es sich bei literarischen Kompetenzen um sehr komplexe, subjektive und von daher nicht immer genau zu bestimmende Kompetenzen handelt, erweist es sich als sehr schwierig, diese in Lernstanderhebungen zu testen und objektiv zu beurteilen. Folglich beschäftige ich mich in meiner Hausarbeit nicht damit, „neue" Lernstanderhebungen, in denen Kompetenzen getestet werden, zu erstellen, sondern ein Aufgabenset, um solche Kompetenzen zu fördern.

Ich werde in dieser Arbeit so vorgehen, dass ich zu Beginn den Begriff literarische Kompetenzen, von Kaspar Spinner als literarisches Lernen bezeichnet, und die elf zum literarischen Lernen notwendigen Kompetenzen erläutere. Als nächstes werde ich einen Überblick über die im Jahre 2006 durchgeführte Lernstanderhebung IGLU geben, wobei ich auf den bildungspolitischen Hintergrund, die Organisation, das Konzept und die Ziele genauer eingehen werde. Des Weiteren werde ich mich mit den Fragen auseinandersetzen, ob Unterricht nach dem IGLU-Schema überhaupt durchführbar und effektiv ist, und ob es tatsächlich sinnvoll ist, die in den Bildungsstandards festgelegten literarischen Kompetenzen, zu testen. Anschleißend folgt der Teil der Hausarbeit, in dem ich mein eigens entworfenes Aufgabenset vorstelle. Mit diesem wird der Versuch erarbeitet, literarische Kompetenzen für Schülerinnen und Schüler der 2. Klasse zu entwickeln, die auch in das Unterrichtsgeschehen einzubeziehen sind. Getreu nach Jakob Ossner muss sich „der unterrichtliche Umgang mit Literatur als „Dekomponierung eines komplexen Modells" (muss sich) deshalb verbinden mit einer Orientierung am kindlichen Denken und Wahrnehmen und an dessen kognitiver Konstruktion der Gegenstände".[1]

Zunächst folgt somit die Begründung der Wahl des Textes „Johnny Mausers Tagebuch" von Helme Heine, der Text an sich, mein erstelltes Aufgabenset in Form einer Arbeitsanweisung für Lehrende und die Erläuterung diesbezüglich, in denen die geförderten Kompetenzen ersichtlich werden.

2.   Was sind literarisches Lernen und Lesekompetenzen?

Kaspar Spinner spricht m Umgang mit literarischen Kompetenzen vornehmlich von literarischem Lernen, welches zum „Erwerb von Lesekompetenzen"[2] führt.

Literarisches Lernen und Lesekompetenz sind zunächst zwei ganz eigenständige Begriffe, die auch getrennt voneinander beschrieben werden müssen. Wohingegen es sich bei literarischem Lernen um Lernprozesse handelt, die sich rein auf literarische Texte, also Poetisches, Fiktionales, Dramatisches, … beziehen, ist der Lesekompetenzbegriff eher sachbezogen und schließt sowohl literarische, als auch nichtliterarische Texte mit ein.

Doch sind die beiden Begriffe nicht nur unter Berücksichtigung der Textsorten zu unterscheiden, sondern auch in der Art und Weise, wie sie vermittelt werden. Der Lesekompetenzbegriff bezieht sich ausschließlich auf das Lesen-Können von geschriebener oder gedruckter Sprache, wobei literarisches Lernen schon vor der Lesekompetenz in auditiver und visueller Rezeptionsform durch Hörbücher oder Theater aufzuweisen ist.

Der Kompetenzbegriff verknüpft Literatur und Lernen. Das bedeutet, dass im Umgang mit literarischen Texten Kompetenzen vorherrschen, die im Unterricht gefördert werden müssen. Kompetenzorientierter Unterricht soll Schüler dazu befähigen, mit Texten so umzugehen, dass sie die daraus erworbenen Fähigkeiten auch bei anderen Texten anwenden können. Bei kompetenzorientiertem Unterricht, kommt es also nicht nur darauf an, auf ein das Werk abschließendes Ergebnis zu kommen, sondern auch das erworbene Wissen auf andere Unterrichtsinhalte beziehen zu können. Wissen und

---

[1] Ossner, Jakob. In: Richter, Karin; Plath, Monika: Lesemotivation in der Grundschule. Weinheim und München 2005, 22-23

[2] Spinner, Kaspar H.: Literarisches Lernen. In: PRAXIS DEUTSCH Heft 200, 2006.

Fertigkeiten sollen aufeinander aufbauen und miteinander verknüpft werden. Dies bezeichnet man auch als literarische Kompetenz.

Beim Lesekompetenzerwerb, als Teilkompetenz von literarischem Lernen, ist neben einer motivierenden Leseförderung wichtig, dass Schülerinnen und Schüler literarische Ausdrucksweisen genauestens verstehen und diese vertiefen, damit sie sich gerne mit Texten auseinandersetzen und den Umgang mit Texten auch für sie persönlich als nützlich erachten.

Bereits beim Vorlesen von Geschichten machen Kinder erste Begegnungen mit literarischem Lernen. Von daher ist es bedeutsam, dass dies in der Grundschule ausgebaut wird.

Im Folgenden wird dargestellt, welche Aspekte nach Spinner für das literarische Lernen wesentlich sind, zugegebenermaßen aber nicht alle im Literaturunterricht erwerbbaren Kompetenzen hervorhebt. Er spezialisiert sich dementsprechend auf elf Aspekte, die eng mit dem, was Kinder durch Schule an literarischen Kompetenzen erwerben können, einhergehen.

1. Vorstellungen entfalten

Nach der Entschlüsselung von Buchstaben zunächst zu einem Wort und anschließend zu einem sinnhaften Text, geht es darum, das Gelesene sozusagen in Bilder zu verwandeln. Der Leser soll sich die Situation nun mit allen Sinnen vorstellen, um ein tieferes Textverständnis zu erreichen. Dabei ist es notwendig, dass der Leser in seiner Imagination flexibel ist und diese auch mit neu eintreffenden Informationen ergänzen kann. Jedoch ist es nicht unerheblich, dabei textgetreu vorzugehen.

2. Involvieren des Subjekts mit genauer Wahrnehmung verbinden

Beim Lesen eines Textes ist es von großer Bedeutung, dass sich der Lesende persönlich angesprochen fühlt und seine Aufmerksamkeit somit auf die Textwahrnehmung gelenkt wird. Dient der Lesetext dazu, seine eigenen Gefühle in diesen hineinzuversetzen und so sich selber reflektieren und verstehen zu können, so geht damit auch eine sehr genaue Lektüre einher. Einerseits werden Parallelen aufgezeigt, anderseits aber auch Gegensätze, wodurch der Leser sensibler für sich selbst und die weitere Textwahrnehmung wird.

Dies ist allerdings ein sehr persönlicher und von Mensch zu Mensch verschiedener Prozess. Daher kann dieser auch nicht in Tests untersucht werden. Dennoch bleiben diese Erfahrungen mit einem Lesetext noch lange in Erinnerung und begünstigen das literarische Lernen. Bei Grundschülern kann man diese Kompetenz fördern, indem man sie dazu ermuntert, persönliche Erfahrungen, die der Lesesituation ähneln, zu beschreiben.

3. Wahrnehmung der sprachlichen Gestaltung

Generell gilt es, den Lesenden auch aufmerksam auf die sprachliche Gestaltung, bzw. dessen Ästhetik zu machen und hier eine Funktion erkannt wird. Dabei geht es nicht vordergründig um die Analyse von Formalem, sondern darum, dass Kinder auf elementarer Ebene ein Gespür dafür erhalten, was sprachliche Gestaltung ist. So kann gemeinsam darüber nachgedacht werden, warum einfachste literarische Formen, wie Reime, Wortauslassungen, Wortwiederholungen, etc. in einem Text passend sind und die eigene Kreativität angeregt werden, indem Kinder nach selbem Muster ähnliche Texte verfassen.

4. Nachvollziehen literarischer Charaktere

Auch die Figurenwahrnehmung ist für den Leser bedeutsam, oder vielmehr die Identifikation, bzw. Abgrenzung von literarischen Charakteren. Ein Text wird erst dann richtig literarisch interpretiert, wenn man einerseits seine eigenen Empfindungen und Denkweisen wieder findet, andererseits, wenn man sich der Andersartigkeit der Charaktere bewusst wird, was demzufolge eine Selbstreflexion in sich birgt. Des Weiteren beinhaltet literarisches Verstehen auch das Bewusstsein über die in literarischen Texten vorherrschenden inneren Beziehungsgeflechte einzelner Charaktere zueinander, was besonders im Drama von Bedeutung ist.

In entsprechenden Forschungen zur literarischen Perspektivenübernahme wurde festgestellt, dass Kinder verschiedene Entwicklungsschritte durchlaufen. Zuerst verstehen sie einen Text aus der Sicht einer Figur, die dem Kind aufgrund von Lebensbedingungen nahe steht. Im nächsten Schritt können Figuren differenziert betrachtet werden, wohingegen im dritten Schritt die verschiedenen Eigenschaften der Charaktere aufeinander bezogen werden können und mit dem Leben dieser in ein Verhältnis gesetzt werden. Überdies gilt das richtige Auslegen der Erzählerperspektive als nächster Entwicklungsschritt.

5. Verstehen narrativer und dramaturgischer Handlungen

Ebenso wie das Bewusstsein über Beziehungen literarischer Figuren ist das Herstellen innertextlicher Bezüge von Bedeutung. So muss der Lesende Bezüge zwischen bereits Ereignetem und neuer Handlung herstellen, um den Text verstehen zu können. Beim literarischen Text ist diese Arbeit verstärkt vom Lesenden zu leisten, wohingegen der Inhalt bei Sachtexten meist logisch aufeinander aufbaut. Ist diese Kompetenz erworben, werden Texte gehaltvoller und interessanter.

6. Bewusster Umgang mit Fiktionalität

Meist empfinden Kinder es als schwer, den Unterschied zwischen Fiktionalität und Wirklichkeit herauszustellen. Dabei wandeln sie selbst im Spiel zwischen ihrer eigenen fiktionalen Welt und der Wirklichkeit umher. Hier gilt es, daran anzuknüpfen, um Kindern bewusst zu machen, dass sich literarische Texte nicht unbedingt auf die Welt außerhalb des Textes beziehen, dennoch für diese von Bedeutung sein können, indem sie z. B. zum Nachdenken über die Wirklichkeit anregen.

7. Verstehen von Metaphern und Symbolen

Weiterhin gilt das Aufdecken und Verstehen von Metaphern und Symbolen als bedeutsame Fähigkeit. Für Kinder ist aber nicht immer einfach Metaphern/Symbole auf ihrer Wort- und Bildebene zu entschlüsseln. Dennoch ist ein intuitives Verständnis dafür vorhanden. Von daher sollten Kinder auf den Bedeutungsreichtum von Wörtern aufmerksam gemacht werden, so dass diese aus dem Text erschlossen und anschließend in einen kontextuellen Bezug gestellt werden können.

8. Einlassen auf Unabschließbarkeiten

Kinder sollen lernen, mit der Offenheit literarischer Texte umzugehen und es anzunehmen, wenn eindeutige Ergebnisse ausbleiben. Es geht darum, unterschiedliche Sichtweisen zuzulassen und sich auf Mehrdeutigkeiten einzulassen, da diese viele kreative und produktive Zugänge ermöglichen.

9. Vertraut werden mit literarischen Gesprächen

Wichtig ist, dass Kinder offene Erzählsituationen in einem literarischen Gespräch erläutern und sich darüber austauschen können. Diese Fähigkeit gilt auch als eigene Teilkompetenz. Hervorzuheben ist, dass es keine Verbindlichkeit gibt und dass es nicht bedingt zu einem Ergebnis kommen muss. Nach Thomas Zabka wird in solchen Unterrichtsgesprächen der Sinn für expressives, behauptendes, erklärendes und erörterndes Interpretieren geschärft. Wichtig ist, dass dadurch der Sinn der Kinder geschärft wird, Mehrdeutigkeiten anzunehmen.

10. Vorstellungsgewinn von Gattungsmerkmalen

Um ein ausgeprägtes literarisches Verständnis zu erreichen, ist das Wissen über Gattungen und literarischen Genres unabdingbar. Ein Text darf jedoch nicht, aufgrund einer übermäßigen Fokussierung auf Gattungsmerkmale, an Ernsthaftigkeit verlieren. Des Weiteren sollte klar sein, dass nicht alle Texte in eine Gattung „hineinzupressen" sind. Dennoch sollten die Merkmale bekannt sein, da diese auch im Alltag von Bedeutung sind. Ein Gespür für texttypische Gattungsmerkmale erhalten Kinder am besten, wenn sie diese für sich selber erarbeiten, als dass sie Texte nach bestimmten Merkmalen hin untersuchen.

11. Entwicklung eines literaturhistorischen Bewusstseins

Im kompetenzorientierten Unterricht kommt es nicht primär darauf an, dass die Schülerschaft in der Lage ist, Texte einer bestimmen Epoche zuzuordnen, sondern vielmehr um das Wissen, dass Texte Reaktionen auf gesellschaftliche Umstände, politische Situationen, etc. sein können. Dabei bietet es sich an, Künstlerisches, Musisches, etc als intertextuellen Zusammenhang zur Veranschaulichung hinzuzunehmen.

3.   IGLU (Internationale-Grundschul-Lese-Untersuchung)

3.1 Bildungspolitischer Hintergrund

Die Bildung des Menschen dient nicht allein der persönlichen Entwicklung und Sozialisation, sondern soll zudem dazu beitragen, dass unterschiedliche Bereiche im gesellschaftlichen Leben abgedeckt, bzw. gefördert werden. So soll Bildung den wirtschaftlichen Wachstum unterstützen und gleichzeitig dazu beitragen, dass die Produktivität eines jeden Einzelnen gesteigert und soziale Missstände vermindert werden.[3]

Daher ist die Öffentlichkeit daran interessiert, welche Ergebnisse schulische Lehrmittel und Lehrweisen hervorbringen und inwiefern diese in bildungspolitischer Hinsicht wirkungsvoll sind.

Mitte der neunziger Jahre wurden durch die TIMSS (Third International Mathematics and Science Study) sowohl Vorteile, als auch Nachteile des Bildungssystems in Deutschland aufgedeckt. Dies führte dazu, dass Deutschland sich nicht nur im naturwissenschaftlich-mathematischen Unterrichtsbereich profilieren sollte, sondern auch an anderen internationalen Lernstanderhebungen teilnehmen sollte. Anders als viele internationale Staaten hatte Deutschland bis zum oben genannten Zeitpunkt nämlich nicht seit den sechziger Jahren im neunzehnten Jahrhundert an regelmäßigen Untersuchungen zur Erfassung der Leistungskompetenzen teilgenommen.

Im Jahre 1997 beschloss die KMK (Kultusministerkonferenz) daher, dass Deutschland von nun an einerseits an der in vielen Staaten weltweit durchgeführten Schulleistungsstudie PISA (Programme for International Student Assessment) teilhaben und andererseits regelmäßig länderübergreifende Vergleichsuntersuchungen durchführen sollte.

Zunächst wurden in Deutschland die naturwissenschaftlich-mathematischen Kompetenzen mit TIMSS überprüft, allerdings nur am Ende der Sekundarstufe und der gymnasialen Oberstufe. Denn Deutschland hatte es versäumt, „sich an TIMSS für die Grundschule zu beteiligen"[4]. Es wurde daher nicht ersichtlich, ob Defizite, die in der Sekundarstufe aufgedeckt werden, bereits im Grundschulbereich wurzeln. Es reicht aber zur Sicherung und Verbesserung

---

[3] Vgl. IGLU 2006. Zugriff am 09.03.08 online unter. http://www.ifs.uni-dortmund.de/iglu2006.

[4] Bos, Wilfried; Lankes, Eva-Maria; Prenzel, Markus; u.a. (Hrsg.): Erste Ergebnisse aus IGLU. Münster 2003, 2

der Unterrichtsqualität nicht aus, Bildungsergebnisse nur teilweise zu beobachten. Folglich muss die gesamte Schulzeit, also inklusive der Grundschulzeit, kontrolliert werden.

Ehe die Studien hinsichtlich der Lesekompetenz PIRLS (international), IGLU / IGLU-E im Jahre 2001 erstmals stattfanden, hat es in Deutschland nur wenige aus Lernstandserhebungen ermittelte Erkenntnisse zuvor gegeben, die über die Fähigkeiten und Fertigkeiten von Schülern am Ende der Grundschulzeit aussagen konnten.[5]

Schließlich wurde in den 90er Jahren des letzen Jahrhunderts darüber nachgedacht TIMSS für die Grundschule nachzuholen. Zur selben Zeit wurde Deutschland aber das Angebot der IEA (international Association for the Evaluation of Educational Achievement) unterbreitet, „sich mit einer repräsentativen Stichprobe an einer internationalen Untersuchung zur Lesekompetenz am Ende der vierten Jahrgangsstufe zu beteiligen."[6]

Somit wurde mit IGLU zu einer Ergänzungsuntersuchung von PISA, die ausschließlich in der Sekundarstufe I durchgeführt wurde.

Die KMK willigte im Jahr 2000 der Teilnahme Deutschlands ein, sowohl an PIRLS 2001 und im Jahr 2004 an PIRLS 2006 teilzunehmen. Überdies fand im Jahr 2006 eine nationale Erweiterungsstudie IGLU-E 2006 statt.

Die Finanzierung der Untersuchungen teilen sich zu gleichen Teilen Bund und Länder. Die Kosten der IGLU-E werden von den 16 Bundesländern abgedeckt.[7]

3.2 Die Organisation von IGLU 2006 und Beschreibung des Projekts

IGLU, die Studie zur Überprüfung der literarischen Kompetenzen zum Ende der Grundschulzeit wird von der IEA (International Association for the Evaluation of Educational Achievement) in vielen Ländern der Erde unter dem Namen PIRLS (Progress in International Reading Literacy Study) vollzogen. Während die internationale Organisation von PIRLS 2006 vom Boston College, Chestnut Hill in den USA verantwortet wurde, war es der Dortmunder Universitätsprofessor

---

[5]Vgl. IGLU 2006. a. a. O.
[6]Vgl. Bos, Wilfried; Lankes, Eva-Maria; Prenzel, Markus; u.a. (Hrsg.): a. a. O., 2
[7] vgl. IGLU 2006. a. a. O.

Wilfried Bos, der die Studie in Deutschland als NRC (National Research Coordinator) verantwortete und leitete.[8]

Das Leseverständnis von Schülerinnen und Schülern der vierten Jahrgangsstufe in Deutschland sollte mit Hilfe der IGLU / IGLU-E im Vergleich zu anderen Ländern aufgedeckt werden.

Insgesamt haben 35 Länder, sowie zehn weitere als nicht souverän geltende Länder, wie z.B. England, Hongkong, Quebec,... weltweit im Jahre 2006 an IGLU teilgenommen.

3.3 Das Konzept und die Ziele von IGLU 2006

„Sprache macht uns menschlich – Schriftsprache macht uns kultiviert."[9]

David Olsen macht in seiner Aussage die Notwendigkeit von Schriftsprachbeherrschung deutlich. Seit jeher ist ein ausgeprägtes Schriftsprachverständnis vonnöten, um die kulturelle Entwicklung des Menschen aufrechtzuerhalten. Allein durch das schriftliche Festhalten von Gedanken, Argumenten und Zusammenhängen kann ein tieferer Zugang zum Thema geschaffen werden, welches als Vorraussetzung für Reflexion und Kritik dient. Nur aufgrund von Schriftsprache funktioniert die Tradierung von geschichtlichen, religiösen, literarischen und wissenschaftlicher Texte, die das Leben und Denken des Menschen noch heute bestimmen.[10]

Demzufolge wird deutlich, dass das Leseverständnis eng mit dem Schriftsprachverständnis einhergeht.

Leseverständnis ist eine Schlüsselqualifikation, die für das Lernen in allen anderen Fächern von besonderer Bedeutung ist. Ohne diese Kompetenz ist kein Lernen möglich. Lesen gilt als Kulturtechnik und wesentliche Voraussetzung für die aktive Teilnahme an beinahe allen gesellschaftlichen Aktivitäten. Die in der Schule erworbenen Kompetenzen gründen alle auf „kumulative Lernprozesse", die „neues Wissen und neue Fertigkeiten mit bereits vorhandenen Wissens- und Fertigkeitsbeständen (verbinden) und so die

---

[8] Vgl. Bos, Wilfried; Lankes, Eva-Maria; Prenzel, Markus; u.a. (Hrsg.): a. a. O., 3
[9] Olson, David R. In: Bos, Wilfried; Lankes, Eva-Maria; Prenzel, Markus; u. a. (Hrsg.): a. a .O., 69
[10] Vgl. Bos, Wilfried; Lankes, Eva-Maria; Prenzel, Markus; u.a. (Hrsg.): a. a. O., 69

Ergebnisse vorhergehenden und aktuellen Lernens (integrieren), sodass sie im Zusammenhang zur Verfügung stehen und nicht beziehungslos nebeneinander stehen."[11]

Nach der vierten Klasse der Grundschule sollte man davon ausgehen können, dass die Kinder das Lesen beherrschen und diese Kompetenz auch nutzen, um sich Wissen anzueignen.

Beim Lesen geht es nach der Dekodierung, welches die Basis des Lesens darstellt, darum, dass Verarbeitungsprozesse geschriebener Sätze beim Lesen mit den Verarbeitungsprozessen von gesprochener Sprache übereinstimmen. Zunächst müssen sich, ehe der Verstehensprozess von graphisch fixierter Sprache eintritt, mehrere Einzelprozesse, wie visuelle Operationen, phonologische Codierungen, Worterkennen, Erfassen von Satzstrukturen vollziehen. Des Weiteren folgen Prozesse, die durch den persönlichen Charakter eines jeden Lesers beeinflusst werden, wie z.B. Empathie, Emotionen, Reflexion, Kreativität und Kritikfähigkeit.[12]

Während beim geübten Leser der Lese- und Verstehensprozesse zur gleichen Zeit ablaufen, arbeitet der Leseanfänger Schritt für Schritt alle einzelnen Prozesse ab.

Die bei IGLU untersuchten Lesekompetenzen basieren auf dem aus dem Englischen stammenden Begriff „reading literacy", also der Fähigkeit zu Lesen. Doch meint dies nicht nur den Dekodierungsprozess, sondern die wesentlichen Kompetenzen, die dem Menschen ein Leben in der heutigen Wissensgesellschaft ermöglichen und mit Hilfe derer Lesen im alltäglichen Leben nutzbar gemacht wird.[13] Nach Campbell et al. begegnet jeder Leser jedem Text mit bestimmten Fertigkeiten und einem bestimmten Vorwissen. Auch der Text an sich obliegt einem spezifischen Thema, die im Kontext des Leseprozesses den Lesenden herausfordern und motivieren, sich intensiv mit diesem auseinander zu setzen.[14]

Beim Lesekompetenzmodell von IGLU werden Schülerinnen und Schüler der vierten Klasse auf folgende drei Bereiche überprüft: Es soll untersucht werden, ob die Lesenden die Information eines Textes verstanden haben. Des Weiteren

---

[11] IGLU 2006. a. a. O.
[12] Vgl. IGLU 2006. a. a. O
[13] Vgl. IGLU 2006. a. a. O.
[14] Vgl. IGLU 2006. a. a. O.

mit welcher Intention ein Text gelesen wird und wie hoch die Lesemotivation ist, bzw. das Leseverhalten.

Bei IGLU werden anhand des Lesetextes sowohl Verstehensleistungen, als auch Leseintentionen erfasst. Lesemotivation und Leseverhalten der Schülerinnen und Schüler werden mit Hilfe von Fragebögen erarbeitet. Zudem werden zur Ermittlung des Leistungsstands Schulleitung, Lehrkräfte und Eltern der getesteten Schülerinnen und Schüler befragt. Diese zusätzliche Erhebung hat zum Vorteil, dass die Unterrichtsgestaltung und Unterstützung durch Lehrer zugunsten der Schülerschaft verbessert werden kann und auch die Lehrerausbildung, -fortbildung davon profitiert.

Anhand der IGLU- Studie soll verdeutlicht werden, wie Schüler sich unter Berücksichtigung ihres Erkenntnis- und Wissensstands gesellschaftlich und kulturell entwickeln. Darauf soll sich Unterricht beziehen und an die Denk-, Verständnis-, und Herangehensweisen der Schülerschaft anknüpfen, damit eine Weiterentwicklung von weltlichem und kulturellem Interesse fortbesteht und gefördert werden kann.[15] Es wird getestet, inwiefern Kinder in der Lage sind, explizit angegebene Informationen zu erkennen und wiederzugeben. Weiterhin, ob sie einfache und komplexe Schlussfolgerungen ziehen können und diese begründen und interpretieren können. Überdies legen die Tests dar, ob Kinder den Text vollständig, teilweise oder nicht verstanden haben und auch unterschiedliche Informationen miteinander verknüpfen können.

4.   Kritik an Bildungstandards und Lernstandserhebungen

Aufgrund der Ergebnisse aus PISA; IGLU und anderen, die in Deutschland schlechter als erwartet ausfielen, wurde Kritik an den von der KMK verabschiedeten Bildungsstandards durch Fachdidaktiker und Deutschlehrer ausgeübt. Laut Klieme-Expertise definieren Bildungstandards „welche Kompetenzen Kinder und Jugendliche bis zu einer bestimmten Jahrgangsstufe mindestens erworben haben sollen."[16] Diese Kompetenzen sollen im Unterricht in Aufgaben umgesetzt und mit Hilfe von Tests überprüft werden. Diese geben

---

[15] Vgl. IGLU 2006. a. a. O.

[16] Klieme, Eckhard. In: Kammler, Clemens: Literarische Kompetenzen – Standards im Literaturunterricht. Seelze 2006, 8

dann Auskunft über das fachliche Können, außerdem den kognitiven, motivationalen und sozialen Fähigkeiten und den zugrunde liegenden Wissensbestand einzelner Schülerinnen und Schüler. Getestet werden diese auf „notwendige inhaltliche und methodische Kenntnisse" (1. Anforderungsbereich), „selbstständiges Erfassen, Einordnen, Strukturieren und Verarbeiten" von Aufgabenstellungen (2. Anforderungsbereich) und „eigenständige Reflexion, Bewertung/ Beurteilung einer komplexen Problemstellung" (3. Anforderungsbereich)[17]. Zu bemängeln ist, dass diese nur eine vorübergehende Dauer gelten und unterschiedlich von wissenschaftlich belegten Kompetenzstufen zu betrachten sind.

Nun ist nicht von der Hand zu weisen, dass es sich bei den vom KMK vorgelegten Bildungsstandards eigentlich nur um Lernziele handelt, wie sie auch in den einzelnen Lehrplänen Deutschland vorzufinden sind. Zudem wird kritisiert, dass die auf ein Ziel hin ausgerichteten Aufgabenstellungen bei den formulierten Bildungsstandards zu unkonkret und offen gehalten werden. Bei den Literaturaufgaben findet sich das Problem, dass die Ziele so aufgestellt sind, dass unterschiedliche Deutungsmuster geradezu gefördert werden und dieses Problem des Deutens und Zuordnens auch in anderen Aufgaben auftauchen. So sind die Kompetenzen meist inhalts- und methodenunabhängig, was zu einem Zerfall des Themenreichtums führen könnte. Als Pendant zu dieser Art von Leistungsbeurteilung wird von daher zu vermehrtem Einsatz von externen Prüfern aufgerufen.[18] Des Weiteren wird kritisiert, dass ein Übermaß an Testbarkeit von Textverstehensleistungen dazu führt, dass man literaturdidaktisch wieder Methoden aus den 1970er Jahren aufgreift, indem man sich zu sehr auf „kleinschrittige Textanalysen, strenge Festlegung auf Rationalität, aufgeblähte Feinzielkataloge"[19] rückbesinnt und dadurch die bereits vorhandene Auswahl an Methoden enorm vermindert. Hierin besteht allerdings alles andere als ein Fortschritt.

Spinner weist jedoch darauf hin, dass bei Literaturunterricht Schüler im gleichen Maße sowohl persönlich angesprochen werden, als auch ein Gespür für die Textwahrnehmung haben müssen, um auch schwierige und unerwartete Situationen meistern zu können. Durch „die Vorstellung einer generellen

---

[17] vgl Bildungstandards 2004. In: Kammler, Clemens. a. a. O. 8
[18] vgl. Kammler, Clemens. a. a. O. 10
[19] Kammler, Clemens. a. a. O. 10

Steuerbarkeit von Lernprozessen"[20] und das Festhalten an bestimmten Methoden mit literarischen Texten umzugehen wächst die Gefahr, dass die Schülerschaft in ihrer Kreativität, Eigenständigkeit und Reflektionskunst eingeschränkt wird und der gesamte Lernprozess zu einem fremdbestimmten Training verkommt. Man muss sich weiterhin darüber im Klaren sein, dass literarische Texte niemals rein subjektiv betrachtet werden können oder nur einen einzigen richtigen Lösungsansatz haben, so wie es oftmals bei Lernstandserhebungen der Fall ist.

Der Begriff literarische Kompetenzen bezieht neben den kognitiven Fähigkeiten der Informationsentnahme, Aussagen und Deutungen Verstehen, sowie Bewertung und Beurteilung von Texten auch sämtliche künstlerische Fähigkeiten, also visuelle und auditive Formen von Rezeption, ein und wird bereits im Erstlesealter geschult. Es wäre vollkommen rückschrittlich, wenn diese Kompetenzen aufgrund von einseitigen Testbedingungen ausgemerzt werden und den Schüler mit seinen individuellen Möglichkeiten an einen literarischen Text heranzutreten einschränken.[21]

Abschließend ist diesbezüglich festzuhalten, dass die formulierten Bildungsstandards und die aktuelle „teaching to the test"-Mentalität sich eher rückschrittlich auf die literarischen Kompetenzen der Schülerschaft auswirken. Es gilt nun literarische Kompetenzen zu entwickeln, die auch in die Unterrichtsrealität umzusetzen sind. Diese müssen einerseits Aufschluss über den Lernstand und die Leistungen der Schülerschaft geben können, andererseits dürfen diese der Schülerschaft aber auch nicht das Gefühl vermitteln, es gäbe nur einen einzigen Weg, der zum Ziel führt.

Literatur ist Kunst. Genauso wie es in der Kunst nicht nur schwarz oder weiß gibt, gibt es in der Literatur nicht nur falsch oder richtig.

5.   Begründung zur Wahl des Textes

Ich habe mich für „Johnny Mausers Tagebuch" von Helme Heine entschieden, da mir beim Durchsehen möglicher Literatur diese Geschichte aufgrund ihrer Gehaltfülle und Vielseitigkeit direkt gefallen ist. Kinder begegnen dort drei

---

[20]Spinner 2005. In: Kammler, Clemens. a. a. O. 11
[21] vgl. Kammler, Clemens. a. a. O. 12

freundlichen und allesamt unterschiedlichen Charakteren, die eingebunden in den Rhythmus eines kompletten Jahres viele Dinge erleben, die Kindern größtenteils aus ihrem eigenen Leben vertraut sind. So gehen sie zum Beispiel im Winter Schlittenfahren, feiern Karneval und schmücken ihre Umgebung, oder helfen anderen Tieren aus der Klemme. Allem voran steht aber die Freundschaft der drei kleinen Tiere. Somit bieten sich genügend Möglichkeiten der Identifikation, was sich bekanntermaßen auf die Lesemotivation positiv auswirkt. Weiterhin ist der Textanteil im Gegensatz zum Bildanteil eher gering. Doch die Verbindung dieser beiden Anteile führt dazu, dass trotzdem ein hoher geistiger Anspruch gewährleistet wird.

Überdies erhalten Kinder mit dieser Geschichte einmal die Möglichkeit sich mit einer bis dato bestimmt noch nicht allzu oft begegneten „fremden" Textgattung zu beschäftigen: Der Tagebucheintrag. Das interessante daran ist, dass Kinder hier einer Sprache begegnen, wie sie sie auch aus ihrer eigenen Welt kennen, der Alltagssprache.

6. Textbeispiel „Johnny Mausers Tagebuch" von Helme Heine

Für die Veröffentlichung wurde der Textauszug aus urheberrechtlichen Gründen entfernt. Zu finden ist er in: Heine, Helme: Zum Glück gibt's Freunde. Weinheim, Basel 2004.

7. Aufgabensetbeschreibung

1. Bildbetrachtung: Die einzelnen Bilder werden mit Hilfe des OHP's an die Wand projiziert. Die Kinder erzählen was sie auf den Bildern beobachten können und welche Assoziationen sie damit verbinden.
2. Jedes Kind erhält ein Bild aus „Johnny Mausers Tagebuch" ohne dass die Geschichte zuvor gelesen wurde. Zu diesem soll jedes seine eigene Geschichte schreiben. Anschließend werden diese im Plenum vorgestellt (unterschiedliche Präsentationsmöglichkeiten).

3. Im nächsten Schritt wird Johnny Mausers Tagebuch gemeinsam gelesen (Kinder erhalten Gefühl dafür, dass es immer mehrere Möglichkeiten gibt, eine Geschichte zu erzählen).

4. Im Anschluss daran erhalten die Kinder ein AB auf denen die einzelnen Bilder in Miniformat abgebildet sind. Nun formulieren sie passende Überschriften zu den Bildern

5. Aufgabenblatt zum Textverständnis, bzw. Gedankenweiterführung

a) Warum möchte Franz nicht immer Indianer sein?

b) Warum darf der dicke Waldemar nicht fliegen? Begründe

c) Wieso hat Franz keine Federn mehr? Was ist mit ihm passiert?

d) Was ist mit Humpel Anna Gipsbein passiert? Hast du eine Idee, wo sie nun sein könnte? Erzähle!

e) Wie retten die drei Freunde der Häsin „Knuff-Knuff" das Leben?

f) Wieso bringen die drei Freunde das Fahrrad auf den Dachboden?

6. Die Kinder schreiben einen Abschiedsbriefes aus der Sicht von Johnny Mauser an die gestorbene Humpel Anna Gipsbein.

7. Erstellen einer Wortschatzliste: z. B. zum Thema Freundschaft, Bauernhof, Jahreszeiten, …

8. Als Abschluss basteln die Kinder ihr eigenes Tagebuch: Aus einem DinA4-Blatt lässt sich einfach ein so genanntes "Bodybook" erstellen. In diesem findet sich genügend Platz, eigene Erlebnisse festzuhalten.

8. Erläuterung des erstellten Aufgabensets

„Die Verbindung von Erzählen, Vorlesen, Lesen, Schreiben, Gestalten stellt sich auch in unseren Reflexionen in ähnlicher Weise als wichtiger Zugang zu (poetischer) Literatur da."[22]

Bei der Erstellung meines Aufgabensets habe ich versucht, durch unterschiedliche Aufgabentypen, verschiedene Kompetenzen der Schülerschaft anzusprechen und zu fördern. Diese dienen zudem nicht dafür, Schülerwissen zu testen und zu beurteilen, sondern lediglich darum, literarische Kompetenzen auszubauen.

---

[22] Richter, Karin; Plath, Monika: a. a. O. 26

Aufgabe 1 dient zur Einstimmung. Ohne jegliche Vorinformationen über Autor und Charaktere werden die Kinder langsam in die Geschichte eingeführt. Zunächst sehen sie nur Bilder und sollen sich allein auf die Bilderwelt konzentrieren. Sie können nun bei jedem Bild beschreiben, was sie sehen, welche Details sie beobachten können und welche Assoziationen sie damit verbinden. Sie machen sich ihre eigene Geschichte und erzählen sich davon gegenseitig. Die Geschichte wird sozusagen „gemeinsam mündlich erarbeitet"[23]. Im Unterrichtsgespräch werden die Kinder mit dem Text vertraut. Hierbei können sie ihre zahlreichen Ideen in den Unterricht einbringen, wodurch ihre Vorstellungskraft angeregt wird. Weiterhin werden das Beschreiben von Bildern und das freie Sprechen gefördert. Die Kinder wagen sich somit erst einmal rein visuell an die Geschichte heran, ehe sie sich dem textlichen widmen.

Bei Aufgabe 2 geht es darum, nicht in der Klasse, sondern ganz allein kreativ zu werden. Die Besprechung der einzelnen Bilder im ersten Schritt soll hierfür als Ideensammlung für diejenigen Kinder dienen, die nicht in der Lage sind, eigene Geschichten ganz ohne Hilfestellung zu erfinden. So bekommen die Kinder jeweils ein Bild aus der Geschichte „Johnny Mausers Tagebuch" und schreiben dazu eine Geschichte. Sie lernen hierdurch freies Schreiben und nähern sich dem Gesamtverständnis des eigentlichen Textes an. Der Präsentation der Aufgabe sollte genügend Zeit eingeräumt werden, damit kein Kind zu kurz kommt. So können die Bilder mitsamt den Geschichten im Klassenraum aufgehängt werden, so dass eine Wandzeitung entsteht. Oder aber man heftet die einzelnen Geschichten zu einem Klassenbüchlein zusammen, welches die Kinder in der Freiarbeitszeit zur Hand nehmen können und ihr Produkt auch noch „greifbar" ist.

In der dritten Aufgabe geht es um die gemeinsame Lektüre der eigentlichen Geschichte von Helme Heine. Hierbei muss darauf hingewiesen werden, dass man den Kindern nahe legt, dass es kein „richtig" oder „falsch" gibt, sondern, dass es mehrere Möglichkeiten gibt, eine Geschichte zu schreiben und sich der Autor Heine eben für diese entschieden hat. Aufgrund der Vorarbeit sind die Kinder nun in der Lage Kohärenzen zu bilden, Ähnlichkeiten und Unterschiede zu ihren Texten und ihren eigenen Lebenswelten aufzudecken.

---

[23] Richter, Karin; Plath, Monika: a. a. O. 107

Aufgabe 4 besteht daraus, den auf einem Arbeitsblatt abgebildeten Bildern aus Johnny Mausers Tagebuch, eine Überschrift zu geben. Somit müssen sie sich auf das Wesentliche aus dieser Textsequenz beziehen und dieses in einer zentralen Überschrift zusammenfassen. Dies erweist sich für manche Kinder als schwierig. Doch die Bilder dienen ihnen als kleine Hilfestellung, da sie das Wesentliche bereits implizieren. In dieser Aufgabe kann man als lehrende Person erkennen, inwiefern das Textverständnis ausgeprägt ist und ob Kinder in der Lage sind, die Hauptaussage eines Textes zu verstehen.

Die fünfte Aufgabe besteht aus mehreren Unterpunkten. Diese Unterpunkte sprechen unterschiedliche Kompetenzen an, bei denen es aber vordergründig um die Interpretation des Textes und Gedankenweiterführung geht. In Aufgabe a) sollen Kinder lernen, sich in eine literarische Figur hinein zu versetzen. Es geht also um Empathie und weiterhin um Begründung. Hierin zeigt sich, ob Kinder die Fähigkeit verfügen, Stellung zu beziehen und das Verhalten anderer Charaktere beurteilen zu können. Sie sollen allerdings auch über Werte wie „recht" und „unrecht" verfügen. In Aufgabenpunkt b) sollen Kinder ebenfalls einerseits in ihrer Inferenzbildung, andererseits in ihrem logischen Schlussfolgerungsvermögen geschult werden. So sollen sie den Gedanken weiterführen können, was passiert, wenn der dicke Waldemar auf das Dach steigt und versucht zu fliegen. Des Weiteren wird hier eine Sympathielenkung auf Johnny Mauser hervorgerufen, der seinem Freund nur deshalb den Flug verbietet, damit dieser sich keinen Schaden zufügt. Auch Aufgabenteil c) handelt davon, logische Schlussfolgerungen ziehen zu können. Die Kinder sollen erkennen, dass Franz aufgrund einer Krankheit seine Federn verloren hat. Folglich werden Kinder auch in ihrer Fähigkeit interpretieren zu können, gefördert.

Ebenfalls wird im Aufgabenpunkt d) der Fokus auf die Interpretation gelegt. Es gilt, die Metapher des „Einschlafens" zu entschlüsseln. Im zweiten Teil wird das Vorwissen (sofern dieses bei Kindern diesbezüglich vorhanden ist), bzw. die Kreativität der Kinder gefördert. Sie sollen sich ein Bild davon machen, wo Humpel Anna Gipsbein nach ihrem Tod ist. Wichtig ist hierbei, dass sich Kinder auf das Unabschließbare einlassen, dass es nicht immer auf alle Fragen eine Antwort gibt. Sowohl Aufgabe e), als auch Aufgabe f) handeln davon, logische Schlussfolgerungen zu ziehen und den Text interpretieren zu können.

Aufgabe 6 ist wiederum etwas kreativer. Die Kinder sollen sich in Johnny Mauser einfühlen, der einen Abschiedsbrief an die verstorbene Humpel Anna Gipsbein schreibt, wodurch die Kompetenz, sich in literarische Figuren hineinzuversetzen, begünstigt wird.

Aufgabe 7 dient wiederum dazu, die zentralen Themen der Geschichte benennen zu können und aufzulisten, um somit ein Gesamtverständnis des Textes zu entwickeln. Diese Liste kann unterschiedliche Themenfelder beinhalten, z. B. Leben auf dem Bauernhof, Freundschaft, Jahreszeiten, ... Dadurch wird annähernd gewährleistet, dass wesentliche Inhalte des literarischen Texts noch einmal in Erinnerung gerufen werden und für die nächste Aufgabe abrufbar sind. Denn in dieser abschließenden Aufgabe werden mehrere Kompetenzen auf einmal gefördert. So sollen Kinder zunächst ein kleines Büchlein aus einem DinA4-Blatt erstellen und darin in Anlehnung an die gemeinsame Lektüre ein eigenes Tagebuch fertigen.

Nach Kaspar Spinner dient dies der Wahrnehmung der sprachlichen Gestaltung. Die Kinder sollen sich also ferner an den Tagebuchstil halten. Überdies werden Kinder sowohl sprachlich, als auch zeichentechnisch kreativ und somit auch im eigenständigen Arbeiten gefördert.

9.   Abschlussdiskussion

In meiner Hausarbeit wird deutlich, dass man es nicht dabei belassen kann, Schülerinnen und Schüler auf ihre Kompetenzen lediglich zu testen. Es wurde deutlich, dass es vielmehr darum geht, an die vorhandenen Kompetenzen anzuknüpfen, diese auszubauen und zu fördern.

Ich denke, dass mein Aufgabenset eine Möglichkeit ist, dieses zu bewerkstelligen. In unterschiedlichen Aufgaben, die das freie Sprechen, das Malen und freie, jedoch themenbezogene Schreiben einbeziehen, werden ebenso unterschiedliche literarische Kompetenzen der Schülerschaft angesprochen. Die Aufgaben knüpfen somit an bereits vorhandene Kompetenzen an und bereiten auf andere Aufgaben und Unterrichtsinhalte vor, wie es von einem kompetenzorientiertem Unterricht erwartet wird.

In meinem Aufgabenset geht es nicht darum, Schülerwissen einzugrenzen und auf ein einzig „richtiges" Ziel zu lenken. Vielmehr gibt es bei dem Großteil der Aufgaben keine verbindliche Zielformulierung. Demgemäß wird also der Fokus auf den Prozess und nicht das Produkt gelegt.

Mithilfe einer für Kinder attraktiven Geschichte kann somit Literatur mit Lernen verknüpft werden und hat für die Schülerschaft daneben persönlichen Nutzen. Aufgrund ansprechender Aufgaben werden Schülerinnen und Schüler dazu angeregt, sich intensiv und methodenreich mit dem Text auseinanderzusetzen, was für die weitere Lesemotivation anderer literarischer Texte von großer Bedeutung ist. Denn nur mit Hilfe derer wird sich ein Schüler auch in Zukunft gerne mit literarischen Texten auseinandersetzen, was wie bereits erläutert, zum aktiven Leben in einer kulturellen Gesellschaft unerlässlich ist.

10.   Literaturverzeichnis

Bos, Wilfried; Lankes, Eva-Maria; Prenzel, Markus; u.a. (Hrsg.): Erste Ergebnisse aus IGLU. Münster 2003

Heine, Helme: Zum Glück gibt's Freunde. Weinheim und Basel 2004

IGLU 2006. Zugriff am 09.03.08 online unter. http://www.ifs.uni-dortmund.de/iglu2006

Kammler, Clemens: Literarische Kompetenzen – Standards im Literaturunterricht. Seelze 2006

Richter, Karin; Plath, Monika: Lesemotivation in der Grundschule. Weinheim und München 2005

Spinner, Kaspar H.: PRAXIS DEUTSCH Heft 200. 2006